I0468089

Ecrire Une Page De Vente Hypnotique: 54 Minutes Chrono Pour Ecrire Facilement Un Argumentaire De Vente Fascinant Et Vendre Sur Internet Comme Un Pro Du Copywriting Hypnotique.

Copyright © 2015, Remy Roulier

TABLE DES MATIÈRES

INTRODUCTION.

Félicitations, vous faites maintenant partie de la minorité des gens qui vont savoir comment propulser les taux de conversion de leur page de vente à un tout autre niveau d'efficacité que celui qu'apporte le copywriting classique.

Vous allez en effet apprendre à utiliser le pouvoir excessivement puissant du copywriting hypnotique pour écrire vos argumentaires de vente.

A l'inverse du copywriting normal, ce pouvoir va vous permettre de placer les clients potentiels dans un véritable état de transe hypnotique qui va les scotcher, les forcer à lire votre page de vente du tout premier jusqu'au tout dernier mot.

Vous allez ainsi décupler la puissance de votre argumentaire, et décupler le nombre de ventes que vous allez faire.

Mieux que tout, vous allez découvrir une procédure optimisée qui va vous doter des mêmes compétences que des copywriters hypnotiques professionnels, et vous permettre d'écrire votre page de vente hypnotique complète en 54 minutes ou moins.

Pourquoi 54 minutes exactement ?

Tout simplement parce que premièrement, vous n'aurez réellement pas besoin de plus de temps pour écrire votre page de vente si vous suivez la procédure que vous allez découvrir.

Et deuxièmement, être spécifique injecte déjà un petit élément de copywriting hypnotique qui rend un titre beaucoup plus accrocheur et crée une curiosité bien plus grande que d'arrondir à 50 minutes, ou dire plus généralement "une heure" ou pire : "peu de temps".

Voici donc tout ce que vous allez découvrir dans cette formation qui se déroule en 4 modules :

Module #1
A la fin de ce premier module, vous aurez compris la différence essentielle qu'il existe entre le copywriting classique et le copywriting hypnotique.

Vous aurez une définition claire et précise, et comprendrez la notion de transe hypnotique, que vous utiliserez à chaque fois que vous ferez du copywriting hypnotique.

Module #2
A la fin du deuxième module, vous connaîtrez la structure exacte en 12 étapes qui va vous permettre très facilement et avec une rapidité incroyable de rédiger votre argumentaire de vente hypnotique.

Il vous suffira simplement de suivre la procédure expliquée à chaque étape.

Vous saurez notamment dans ce deuxième module comment écrire un titre fascinant et qui va déclencher instantanément la transe hypnotique en moins de 10 secondes.

Vous maîtriserez également les différentes manières d'accrocher le lecteur solidement dès le début de votre argumentaire pour le garder aimanté et scotché jusqu'à la fin.

Vous y apprendrez aussi comment présenter les avantages de votre produit ou service de manière hypnotique, la technique pour présenter un prix et le faire passer comme une lettre à la poste, ou encore la méthode pour obtenir légalement des témoignages clients de qualité.

Module #3

A la fin du troisième module, vous connaîtrez l'ensemble des techniques d'écriture à respecter pour induire le lecteur dans une transe hypnotique et le garder scotché tout le long de votre page de vente sans qu'il puisse s'en décoller.

Pour y découvrirez tout ce qu'il y a à connaître sur le style d'écriture à adopter (à quel temps faut-il parler, faut-il dire "je" ou "vous", etc.) et vous verrez les 7 erreurs les plus communes à éviter qui peuvent casser l'état de transe hypnotique de votre lecteur.

Vous y découvrirez aussi la technique d'Hemingway qui vous permettra de rédiger 2 à 3 fois plus vite que maintenant, tout en véhiculant encore plus d'émotions.

A ce stade, votre argumentaire de vente hypnotique sera totalement écrit. Il vous restera à le mettre en page de manière optimale pour créer votre page de vente, à l'aide du module 4.

Module #4

Au terme du quatrième module, vous aurez découvert tout ce qui concerne la mise en page de votre argumentaire de vente hypnotique afin d'augmenter encore plus les taux de conversion.

Vous y découvrirez notamment quels sont les meilleurs endroits pour mettre vos boutons d'achat.

Vous verrez aussi l'astuce du "doublé gagnant" qui consiste à rajouter quelque chose autour de vos boutons pour booster encore plus les taux de clics.

A la fin de ce module, votre page de vente hypnotique sera donc totalement prête et opérationnelle, et il ne vous restera plus qu'à la mettre en ligne et profiter des résultats en voyant vos ventes se décupler sous vos yeux.

Vous pourrez ainsi utiliser cette procédure pour écrire autant de pages de ventes hypnotiques que vous le voulez et dans n'importe quel marché de niche.

Vous verrez alors de nombreuses sources de revenus affluer vers vous, parce que vous connaîtrez la méthode d'écriture hypnotique qui décuple les ventes et qui n'a plus rien à voir avec les résultats que pouvait vous apporter le copywriting classique.

Entrons maintenant dans le premier module de cette formation, dès que vous aurez tourné cette page.

MODULE #1: L'INCROYABLE DIFFÉRENCE ENTRE LE COPYWRITING HYPNOTIQUE ET LE COPYWRITING ORDINAIRE.

A la fin de ce module, vous connaîtrez la différence essentielle et radicale qu'il y a en termes d'efficacité et de taux de conversion entre le copywriting ordinaire ou classique, et le copywriting hypnotique.

Vous allez pour ça voir d'abord une définition de ce qu'est le copywriting hypnotique, puis comprendre le concept de transe hypnotique qui va vous servir et que vous allez utiliser dès lors que vous voudrez écrire une page de vente hypnotique.

Définition de ce qu'est vraiment le copywriting hypnotique.

Pour faire simple, on peut dire que le copywriting hypnotique est une technique qui lie le texte à l'hypnose.

Son but est de garder votre lecteur avec vous du début jusqu'au dernier mot de votre lettre de vente.

Pour y arriver, vous allez "l'hypnotiser", c'est-à-dire mettre le lecteur dans un état de transe.

Et c'est toute la différence du copywriting hypnotique par rapport au copywriting classique.

Autrement dit, le copywriting classique consiste à écrire pour obtenir des actions.

En revanche, le copywriting hypnotique consiste à écrire pour obtenir un état de transe qui facilite l'action.

Ainsi, hypnotiser le lecteur et le mettre dans état de transe par un argumentaire de vente va vous permettre de le rendre beaucoup plus ouvert à vos suggestions, et donc à acheter plus.

Apprendre à écrire une page de vente de cette façon, c'est presque comme avoir un super-pouvoir, qui vous ouvrira de nombreuses portes et vous permettra de devenir vraiment riche, si tel est votre but.

En effet, comme l'a dit le copywriter multimillionnaire Ted Nicholas qui n'était au départ qu'un vendeur de bonbons :

"Si vous avez un bon produit, vous n'êtes qu'à une lettre de vente de devenir multimillionnaire."

Comprenez donc bien la puissance que peut vous apporter la maîtrise du copywriting hypnotique dans la réalisation de vos objectifs.

Et surtout, faites-en bon usage et utilisez-le de manière éthique.

Il s'agit d'un pouvoir qui peut être très dangereux et provoquer de nombreuses dérives s'il est mis entre de mauvaises mains.

Aussi, prenez mesure de la responsabilité que vous prenez en utilisant cet outil puissant, et utilisez-le pour le bien de tous, et pour le vôtre au passage.

Tout comme un principe actif peu sauver des milliers de vies ou tuer une personne si elle dépasse la dose prescrite, le copywriting hypnotique peut enrichir, embellir et sauver des milliers de vies.

Comprendre le principe de transe hypnotique.

Avez-vous remarqué à quel point certains romans tels que ceux de Stephen King vous emportent, mobilisent votre imagination et vous transportent facilement dans un autre monde ?

Ils vous placent dans un état modifié de conscience qu'on appelle "transe hypnotique".

Cet état vous garde profondément plongé dans le roman même si vous êtes dans un bar bruyant ou que vous avez des dizaines de choses plus importantes à faire.

En quelque sorte, il anesthésie les stimuli extérieurs. Il est par exemple possible que perdu dans votre lecture, vous n'entendiez rien si quelqu'un commençait à vous parler.

Dans cet état, votre conscience logique et pensée rationnelle sont mises en veille et vous devenez plus sensible aux suggestions.

C'est ainsi que l'hypnose se compose des deux éléments suivants :

- La transe.
- La ou les suggestions.

Le premier qui a d'ailleurs étudié le phénomène de transe du lecteur est le Pr. Robert Burgin de l'université de Caroline du Nord.

Ceci termine ce premier module. Vous connaissez désormais la différence essentielle qu'il existe entre le copywriting classique et le copywriting hypnotique.

Vous avez eu une définition claire du copywriting hypnotique et avez compris le principe de transe hypnotique.

Il est maintenant temps de découvrir dans le module 2 la structure en 12 étapes qui va vous permettre d'écrire votre page de vente hypnotique et garder vos lecteurs en état de transe du début jusqu'à la fin.

MODULE #2: LA STRUCTURE EN 12 ÉTAPES POUR ÉCRIRE VOTRE ARGUMENTAIRE DE VENTE HYPNOTIQUE.

A la fin de ce module, vous connaîtrez la structure exacte qu'il vous suffira de recopier pour écrire votre argumentaire de vente hypnotique facilement et en un minimum de temps.

Il vous suffira de suivre les conseils et explications de chaque étape de cette structure.

Commençons par la première étape en page suivante.

Etape 1 : Un titre qui attire l'attention.

A l'image des systèmes qui permettent d'induire un état hypnotique (fixer une bougie, regarder une spirale en mouvement, suivre les mouvements d'un pendule etc.), votre argumentaire de vente va dans un premier temps devoir mettre votre lecteur dans une transe hypnotique.

Le but ici est donc d'accrocher le lecteur pour le faire rentrer dans cet état de transe, en attirant son attention avec un titre qui lui donne envie de lire le reste de la page.

Votre titre doit donc ici créer une sorte de fascination.

Le mécanisme d'une accroche hypnotique consiste à court-circuiter le conscient et à déclencher un mécanisme subconscient qui pousse à lire la suite.

En effet en temps normal, le conscient transforme les émotions en bonnes raisons rationnelles d'agir ou ne pas agir, selon le type d'émotion.

Par exemple, nous avons tous peur de nous faire avoir. L'émotion est donc la peur.

Le conscient va alors transformer cette peur en justification rationnelle de ne pas agir en se disant : *"encore une arnaque sur Internet, il est hors de question que je me fasse avoir !"*.

Le but de votre titre va donc être de court-circuiter ce mécanisme pour ne pas que la peur et sa justification rationnelle ne prennent le dessus, ce qui aura pour effet d'arrêter la lecture.

Par ailleurs, l'importance d'un titre dans toute page de vente - *qu'elle soit hypnotique ou ordinaire* - n'est plus à prouver.

En effet, c'est par le titre que vous allez provoquer une rupture d'attention chez le lecteur, qui va déterminer tout le reste de la lecture.

D'ailleurs, c'est pourquoi David Ogilvy, l'un des meilleurs copywriters de tous les temps, a déclaré dans son livre *Ogilvy on advertising* :

"En moyenne, il y a cinq fois plus de personnes qui lisent les titres que le contenu de la lettre de vente".

Il a également affirmé :

"A moins que votre titre ne vende votre produit, vous avez gaspillé 90% de votre argent."

John Caples qui était une autorité mondiale sur le test des pages de vente a insisté lui aussi sur l'impact que le titre a sur les décisions d'achat :

"75% des décisions d'achat sont faites par le titre seul."

Ainsi, il semble évident que si le titre n'accroche pas d'emblée le lecteur, il n'ira pas lire tout le reste de votre argumentaire.

On peut donc dire que 100% des décisions de lire la suite sont faites par le titre seul, d'où l'importance d'avoir un titre accrocheur.

Il existe des techniques pour que votre titre crée d'entrée de jeu une fascination et qu'il accroche le lecteur pour le faire entrer dans cet état de transe hypnotique.

Vous allez pour ça découvrir la formule de Bencivenga qui va vous permettre de générer ce genre de titre fascinant, ainsi que cinq templates de titres prêts à utiliser.

Ainsi, vous serez en mesure de générer un titre accrocheur et fascinant en moins de 10 secondes.

Commençons par découvrir la formule de Bencivenga en page suivante.

La formule de Bencivenga pour générer un titre fascinant.

Cette formule tient en fait en une simple équation que voici :

Bénéfice + Curiosité = Intérêt

En d'autres termes, l'intérêt que va porter le lecteur à votre titre va dépendre de la force du bénéfice que vous allez évoquer et du niveau de curiosité que vous allez véhiculer dans ce titre.

Plus le bénéfice que va apporter votre produit au client va être élevé, plus l'intérêt qu'il va avoir pour lire la suite va grandir.

Pour avoir un bénéfice avec un maximum de puissance, faites en sorte que votre titre promette d'apporter la solution au plus grand désir ou au plus grand problème de votre client.

Pour ce qui est de la composante curiosité, plus la curiosité créée par votre titre va être élevée, plus l'intérêt du client à vouloir lire la suite de votre page va grandir également.

Pour avoir un niveau de curiosité maximum, vous devez toujours vous débrouiller pour écrire votre titre de manière à ce que le lecteur se dise quelque chose du genre *"mais comment est-ce-possible ?"*.

Vous y arriverez soit en utilisant quelque chose qui paraît irréalisable et donc qui va choquer, soit en écrivant quelque chose de stupide ou d'irrationnel, ou soit en étant le plus spécifique possible.

Ce dernier point est très important pour créer de la curiosité.

Plus votre titre utilisera des choses spécifiques (des noms précis de personnes ou de lieux, des métriques telles que le temps, les distances, l'argent, le poids etc.), plus le niveau de curiosité de votre titre va monter en flèche.

Par exemple, vous préférerez dire *"comment gagner 547 euros en 24 heures"* plutôt que *"comment gagner de l'argent en peu de temps."*

De même, vous préférerez dire *"comment apprendre à jouer de la guitare comme Jimmy Hendrix en 20 minutes"* plutôt que *"comment vite apprendre à bien jouer de la guitare"*

Ou encore : *"découvrez le secret pour perdre 14 kg en 7 jours"* au lieu de *"découvrez le secret pour perdre du poids assez vite."*

Vous voyez la différence ?

On a bien plus envie de lire la suite quand les choses sont spécifiques plutôt que lorsqu'elles sont générales, car la spécificité permet de créer la curiosité.

Par ailleurs, il est aussi possible d'utiliser la formule de Bencivenga en écrivant le titre en deux phrases.

La première phrase peut servir à capter l'attention, et la deuxième phrase peut être un sous-titre qui reprend l'avantage principal, le spécifie, ou ajoute une note de curiosité.

Par exemple :

«Apprendre l'Espagnol n'a jamais été aussi facile. Partez en Espagne dès la semaine prochaine en étant bilingue.»

Ou encore :

«Vos problèmes de diabète s'arrêtent ici. Voici comment ce médecin de campagne obtient 100% de guérison par ce remède déroutant.»

Gardez toujours en tête la formule de Bencivenga à chaque fois que vous créerez un titre, et vous ne pourrez pas vous tromper.

Vous allez maintenant voir 5 templates de titres à recopier, qui vont vous permettre de créer en moins de 10 secondes des titres fascinants qui déclenchent la transe hypnotique.

5 templates de titres à recopier.

En gardant à l'esprit la formule de Gary Bencivenga d'un titre gagnant et fascinant, utilisez les 5 templates ci-dessous pour générer des titres en quelques secondes qui suscitent l'intérêt et vont faire entrer vos lecteurs dans l'état de transe hypnotique.

Pour chaque template, vous avez en dessous un exemple d'utilisation.

Template 1 :

Comment [Désir Principal] Sans [Problème Principal], en [Métrique].

Exemple : *Comment maîtriser Photoshop sans compétences, en 4 heures.*

Template 2 (Variante) :

[Désir Principal] en [Métrique].

Exemple : *Gagnez enfin le gros lot au loto en dépensant moins de 9 euros.*

Template 3 :

[Désir Principal] + [Verbe lié au changement] + [Métrique].

Exemple : *Comment transformer une maison abandonnée en palace luxueux en 7 jours.*

[Désir Principal] + [Métrique] + [Objection Traitée].

Exemple : *Générez 2450 euros en revenus passifs en 20 jours même si vous travaillez déjà à temps plein.*

[Désir Principal] n'a jamais été aussi [Avantage Principal De La Solution].

Exemple : *Apprendre l'espagnol n'a jamais été aussi facile.*

Maintenant que vous avez attiré l'attention du lecteur avec un titre fascinant qui l'a fait entrer dans un état de transe hypnotique, il est temps de passer à la deuxième étape et de verrouiller votre accroche.

Etape 2 : Accrochez le lecteur (verrouillage).

Une fois que votre titre a créé une fascination qui a attiré l'attention de votre lecteur et l'a fait entrer dans un état de transe hypnotique, cette deuxième étape est une sorte de continuité de l'accroche qui va consister à verrouiller votre lecteur.

Si votre titre n'a pas encore réussi à le faire, cette deuxième phase d'accroche va consister à percer ou à terminer de percer les protections qu'a votre lecteur vis-à-vis de votre page de vente, afin d'établir un contact intime et de confiance avec lui.

Toute cette deuxième étape va donc consister à utiliser *"l'art de s'immiscer dans le dialogue intérieur du lecteur"*, comme le dit Robert Collier qui est l'un des plus grand copywriters de tous les temps.

Vous allez ainsi le forcer à baisser ses défenses et ses protections pour créer un rapport qui va le toucher au plus profond de lui-même, de la même manière que font les grands séducteurs qui créent un contact immédiat, une attirance, une identification.

Ainsi, vous allez découvrir cinq manières de créer une accroche qui va verrouiller le lecteur et établir un contact profond avec lui.

1- Raconter une histoire.

Imaginez de mettre un enfant, ou même un adulte, en face d'un film d'action tel que mission impossible.

Laissez passer cinq minutes puis éteignez le film d'un seul coup et attendez de voir sa réaction...

Vous n'aurez pas besoin d'attendre très longtemps avant de l'entendre protester pour que vous remettiez le film immédiatement.

Pourquoi ?

Tout simplement parce que tous les êtres humains adorent être face à une bonne histoire.

Racontez aux gens une bonne histoire et ils l'écouteront avec attention jusqu'au bout.

Le temps semble passer très rapidement lorsque vous écoutez une histoire captivante.

Ainsi, raconter une histoire va donner un effet d'inertie et prolonger l'état de transe hypnotique de votre titre.

En basant votre histoire sur un sujet qui concerne et qui préoccupe fortement vos lecteurs, vous allez leur permettre de s'identifier à cette histoire et ainsi pouvoir les toucher profondément, à un niveau émotionnel qui va leur faire baisser leurs barrières de protection, s'il en restait.

Vous gagnerez ainsi votre pari. Vous aurez accroché le lecteur et vous l'aurez verrouillé par votre histoire.

Vous n'avez bien entendu pas besoin de raconter toute l'histoire mais juste le début, pour les mettre en situation, en quelques lignes ou un ou deux paragraphes maximum. Pas plus.

Un moyen très simple et extrêmement efficace de raconter une histoire passionnante consiste à simplement raconter l'histoire de vos lecteurs, en décrivant la situation actuelle dans laquelle ils se trouvent.

Vous allez ainsi les amener d'un stade à partir duquel ils sont partis, et décrire l'état d'esprit dans lequel ils se trouvaient juste avant de rencontrer le problème qu'ils n'arrivent pas à résoudre actuellement (et que votre produit leur aidera à solutionner).

Prenons un exemple.

Admettons que vous fassiez la promotion d'une méthode destinée à obtenir du trafic ciblé sur votre blog.

Le plus gros problème d'une grande majorité de blogueurs est en effet l'acquisition de trafic ciblé.

Vous allez donc baser votre histoire là dessus.

Vous allez d'abord partir de la création du blog et décrire l'état d'enthousiasme dans lequel se trouvait le blogueur quand il a lancé son blog.

Et vous allez arrêter cette histoire juste avant qu'il se rende compte qu'il a le problème de génération de trafic.

Voici par exemple ce que vous pouvez écrire :

"Ça y est ! Vous n'avez jamais été aussi fier de vous !

Vous avez enfin réussi à créer votre blog, et à le mettre en ligne. Vous avez passé beaucoup de temps et d'efforts à le créer, mais vous y êtes enfin arrivé. Vous avez sélectionné et écrit avec soin des articles de grande qualité, et il n'y a aucun doute qu'ils vont faire un carton.

Votre thématique est passionnante, votre positionnement par rapport aux concurrents excellent et pertinent. En plus, vous avez des dizaines d'idées d'articles et de formations à proposer pour les 2 ans à venir, et vous êtes convaincu que les gens vont adorer ce que vous allez leur offrir."

Voilà, il n'y a pas besoin d'en faire plus.

Vous avez créé la mise en situation qui permet à votre lecteur de s'identifier parfaitement à ce que vous dites.

Ainsi, vous continuez la transe hypnotique car ils ne peuvent s'empêcher de lire la suite pour connaître la suite de l'histoire. Ils ne peuvent plus décoller.

Et en plus, vous gagnez en crédibilité car par le simple fait de raconter cette histoire, vous leur prouvez que vous les comprenez. Vous comprenez leur état d'esprit, vous comprenez leurs espoirs d'obtenir une récompense à la hauteur de leurs efforts d'avoir réussi à créer un blog.

Vous avez ainsi réussi à créer en eux une image mentale, qu'on nomme image idéomotrice, qui va déclencher une action chez eux.

Vous les avez touchés émotionnellement, au plus profond d'eux-mêmes et avez créé un lien intime avec eux. Leurs barrières de protection tombent et ils sont alors beaucoup plus enclins à être sensibles et réceptifs à ce que vous allez leur suggérer.

Afin de vous permettre de mieux suivre le cheminement et l'agencement des étapes suivantes, nous reprendrons cet exemple sur le blogging lorsqu'on abordera l'étape 3.

Pour le moment, voyons les autres façons de verrouiller le lecteur grâce à cette étape 2.

2- Poser une bonne question.

Une autre technique consiste à poser une bonne question.

Cette technique est assez souvent utilisée avec des ouvertures classiques telles que :

"Saviez-vous que ?"

Par exemple :

"Saviez-vous qu'une consultation homéopathique dure en général deux à trois fois plus longtemps qu'un bilan médical ordinaire ?"

ou encore :

"Pourquoi est-ce le cas selon vous ?"

Poser une bonne question rend les lecteurs extrêmement curieux. C'est presque comme si vous les challengiez à trouver la réponse.

Voici par exemple un template qui fonctionne bien :

Si vous pouviez [insérez un ou plusieurs avantages], seriez-vous intéressé ?

Ça s'appelle la technique de Bettger qui porte le nom de son créateur.

L'intérêt est qu'elle mène automatiquement le lecteur à répondre positivement à cette question (*"oui, évidemment que je serais intéressé..."*), et donc augmente immédiatement leur intérêt.

Vous pouvez ainsi poser une question en rapport avec leurs désirs profonds ou leurs plus grands problèmes.

Par exemple :

"Si vous pouviez arrêter de fumer sans éprouver de manque, seriez-vous intéressé ?"

"Si vous pouviez ne plus jamais payer d'impôts légalement, seriez-vous intéressé ?"

"Si vous pouviez générer 700 visiteurs par jour sur votre blog dès demain matin, seriez-vous intéressé ?"

Etc.

Vous allez ainsi pouvoir continuer cet état de transe hypnotique qui va les pousser à vouloir lire la suite.

Vous pouvez aussi poser une question qui fasse appel aux souvenirs des gens.

Par exemple en disant :

"Vous rappelez-vous ?"

C'est un autre excellent type de question pour les garder avec vous et les faire continuer à être dans leur état de transe, parce qu'elle va ajouter l'impact émotionnel du souvenir à leur processus de pensée rationnel, émotions qui sont souvent très fortes et qui vont vous permettre

d'accéder au plus profond d'eux-mêmes tout en renforçant
leur intérêt.

3- Apporter une nouvelle information.

Peu importe leurs domaines d'intérêts, les gens sont en permanence à la recherche de nouvelles informations : actualités, documents secrets, révélations, résultats, découvertes etc.

S'ils n'attendent pas non plus exprès d'avoir une nouvelle qui tombe du ciel, ils arrêtent cependant tout lorsque ça arrive et écoutent avec la plus grande attention.

Les gens sont effet curieux naturellement.

Ainsi, si les gens sont capables d'écouter avec la plus grande attention quasiment n'importe quelle nouvelle, imaginez alors la force que peu avoir une nouvelle information qui les concerne directement dans un sujet qui les intéresse !

Par exemple, admettons que vous ayez acheté deux ou trois livres sur la santé par Internet, ou quelques produits pour soigner les problèmes de peau et de cheveux, et que vous receviez un email dont le premier paragraphe dit quelque chose du style :

"Voici une excellente nouvelle pour les hommes et femmes qui souffrent de pellicules, démangeaisons capillaires, et de cuir chevelu très sec."

A moins que vous ne deviez prendre un avion ou un train sur le champ, les chances sont très élevées que vous ne puissiez pas vous empêcher de continuer à lire la suite.

Objectif atteint !

4- Résumer les bénéfices.

Le but ici est de résumer et concentrer tous les bénéfices dans un court petit paragraphe afin de les faire littéralement baver d'envie.

Par exemple :

"Rituels magiques gardés secrets pendant des siècles... Comment attirer l'argent... l'amour... Comment neutraliser totalement toute forme de haine et vous protéger contre tout type d'agression..."

Si ce type de choses concerne vos prospects (ce qui devrait être le cas puisque vous les avez auparavant ciblés), il serait alors très difficile pour eux de refuser une telle offre et d'arrêter de lire la suite de votre argumentaire.

5- Utiliser des témoignages.

Cette technique est subtile et rappelle un peu ce qui à été dit lorsqu'on parlait de raconter une histoire.

Ici, les lecteurs commencent à s'identifier avec le héro du témoignage, au travers un processus psychologique de projection, et commencent à sentir leurs réactions, motivations etc, comme si c'était les leurs.

Par exemple :

"J'ai une confession à faire. J'adore manger. Je ne peux pas résister à un délicieux petit grignotage par-ci par-là. Le problème est que je dois surveiller mon poids.

Imaginez toute la difficulté que j'avais à essayer de ne pas trop manger, à résister à la tentation jour après jour...

Oui vous avez bien lu et j'ai bien dit "j'avais", car tout ça est aujourd'hui loin derrière moi - depuis que j'ai trouvé la solution à mon problème !"

Et voilà comment littéralement "forcer" le lecteur à lire la suite, surtout s'il a lui-même un problème de poids.

Etape 3 : Enoncez le ou les problèmes.

Vous allez maintenant lister le ou les plus gros problèmes qu'ont les gens qui les empêchent d'obtenir ce qu'ils veulent le plus.

Ça peut-être par exemple un problème de temps, de manque de compétences, d'argent ou encore un problème lié au fait de devoir faire trop d'efforts.

Reprenons ici l'exemple sur le blogging qu'on a vu à l'étape précédente où on a raconté une histoire qui décrit la situation et l'état d'esprit enthousiaste dans lequel se trouvent les blogueurs qui viennent de créer leur blog.

Voici cette histoire pour rappel :

"Ça y est ! Vous n'avez jamais été aussi fier de vous !

Vous avez enfin réussi à créer votre blog, et à le mettre en ligne. Vous avez passé beaucoup de temps et d'efforts à le créer, mais vous y êtes enfin arrivé. Vous avez sélectionné et écrit avec soin des articles de grande qualité, et il n'y a aucun doute qu'ils vont faire un carton.

Votre thématique est passionnante, votre positionnement par rapport aux concurrents excellent et pertinent. En plus, vous avez des dizaines d'idées d'articles et de formations à proposer pour les 2 ans à venir, et vous êtes convaincu que les gens vont adorer ce que vous allez leur offrir."

Maintenant, il est temps d'énoncer le plus gros problème qu'ils rencontrent en ce moment et qui les empêche d'aller là où ils veulent.

Et ce problème est la génération de trafic ciblé.

Ainsi, vous allez par exemple dire quelque chose du genre :

"Oui mais voilà.

*Vous avez déjà commencé depuis déjà plusieurs semaines, et une question commence à vous occuper l'esprit : **où sont les visiteurs ?***

*Vous savez, ces personnes qui viennent normalement chaque jour par centaines pour dévorer vos articles passionnants : **où sont-elles cachées ?"***

Etape 4 : Enoncez la ou les fausses solutions.

Vous allez maintenant énoncer les ou les solutions que les gens ont essayé pour résoudre ce problème mais qui n'ont pas fonctionné.

En continuant l'exemple sur le blogging, vous pouvez continuer la transe hypnotique de votre argumentaire en disant par exemple :

"Vous avez pourtant fait connaître votre blog sur des groupes Facebook, posté de nombreux commentaires sur des forums, écrit plusieurs guest posts sur des blogs de référence... Mais ça ne décolle pas."

Vous avez aussi essayé de vous tuer à la tâche et d'écrire encore plus d'articles de qualité pour gagner en visibilité et crédibilité, mais vous n'obtenez toujours qu'à peine une dizaine de visiteurs chaque jour.

Et bien entendu, personne ne laisse le moindre commentaire..."

Restez toujours dans l'optique de présenter les choses de manière à donner l'impression que vous vous mettez à la place de la personne et que vous lisez dans ses pensées.

Etape 5 : Insistez sur les conséquences négatives du ou des problèmes.

Vous allez ici encore plus enfoncer le clou et appuyer là où ça fait déjà bien mal en insistant bien sur les conséquences négatives liées au fait de ne pas réussir à résoudre le ou les problèmes.

Vous allez ici montrer un côté dramatique et désespérant de ne pas réussir à trouver une solution.

De la même manière, il faut donner l'impression au lecteur que vous avez réellement bien compris son problème et toutes les conséquences que celui-ci peut avoir dans sa vie.

Il faut lui montrer que vous le comprenez et que vous savez ce qu'il ressent car vous aussi vous êtes passés par cette même galère.

Continuons l'exemple sur le blogging. Vous pouvez dire par exemple :

"Bref... Il faut se rendre à l'évidence : votre blog dépérit.

Par manque de visites, il se transforme petit à petit en endroit désert et sans vie, où plus personne n'a envie de mettre les pieds.

Et voilà... Ça fait déjà deux mois que vous avez démarré, et votre blog devient déjà un fardeau.

*Et les premières semaines d'euphorie ont doucement fait place à une **démotivation massive**, et vous pensez même tout laisser tomber depuis quelques jours.*

D'ailleurs, la passion et l'émotion du début transparaît de moins en moins dans vos articles que vous écrivez désormais machinalement, et avec une certaine indifférence..."

Etape 6 : Promettez une solution.

Maintenant que le lecteur est bien désespéré et *"au fond du gouffre"*, il est temps de lui remonter le moral.

Vous allez pour ça lui faire entrevoir une solution, mais sans annoncer encore votre produit.

Cette partie promesse commence toujours par une phrase d'entrée, par exemple en utilisant des mots tels que *"Et pourtant..."*, comme pour lui véhiculer l'idée que *"Et pourtant il existe autre chose"*.

Vous allez ainsi montrer à la personne que tout ce que vous avez dit avant va pouvoir changer juste après cette phrase.

En continuant l'exemple de l'argumentaire lié au blogging, on peut par exemple dire :

"Et pourtant...

Savez-vous qu'il existe une panoplie de façons pour faire venir des visiteurs ciblés sur votre blog ?

*Des stratégies prouvées qui sont **très simples à appliquer**, et d'une **efficacité redoutable** si on les met en oeuvre de la bonne manière.*

Des techniques utilisées par de nombreux blogueurs qui ont bâti une audience de plusieurs milliers de visiteurs journaliers, alors qu'ils sont partis de rien tout comme vous.

Imaginez un instant pouvoir utiliser ces mêmes techniques pour votre blog, et voir ainsi votre trafic **augmenter de jour en jour,** *pour atteindre d'ici deux ou trois mois les 700 visiteurs par jour.*

C'est désormais possible pour vous..."

Notez l'utilisation d'expressions telles que *"de jour en jour"*.

On le reverra dans le module suivant lorsqu'on parlera du style dans lequel écrire, mais ce type d'expressions *"de jour en jour"*, *"petit à petit"*, *"de plus en plus"* est en rapport étroit avec l'hypnose.

Il contribue au fait que le texte devient hypnotique (de la même manière qu'un hypnotiseur vous dira : *"vos paupières deviennent de plus en plus lourdes"*).

Etape 7 : Annoncez votre produit.

Il est maintenant temps d'annoncer votre produit qui va apporter au lecteur la solution exacte qu'il recherche pour résoudre son problème.

Vous pouvez faire ça très brièvement en deux ou trois lignes dans lesquelles vous donnerez quelques informations techniques sur votre produit.

Vous ferez toujours suivre votre produit d'une photo qui le rend attractif.

En effet, les gens sont très sensibles à avoir une représentation en image du produit qu'ils vont acheter car ils ont en général besoin de visualiser ce qu'ils achètent exactement.

N'hésitez donc pas à mettre le paquet pour avoir une photo qui rend votre produit extrêmement désirable.

L'idéal est de faire une photo la plus grande possible pour que le lecteur puisse avoir l'impression qu'il tient le produit dans sa main.

Vous verrez juste après quelques moyens de créer une photo qui rend votre produit attractif.

Ainsi, pour reprendre l'exemple du blogging, vous pouvez introduire votre produit en disant par exemple :

"J'ai assemblé pour vous toutes les techniques les plus efficaces qui m'ont permis de faire passer mon blog de 0 à 700 visiteurs par jour en seulement six semaines. J'ai

regroupé l'ensemble de ces techniques dans un système
clés-en-mains que j'ai intitulé :

Trafic Extrême:
Le nouveau système pour passer votre blog de 0 à 700
visiteurs par jour en 6 semaines quand on est débutant."

Puis, vous mettez la photo de votre produit.

Voyons voir maintenant quelques moyens de créer une
photo de votre produit.

Comment créer une photo attractive pour votre produit.

Si vous n'êtes pas sûr de vous pour créer une photo qui va rendre votre produit extrêmement désirable, le plus simple est d'aller voir un photographe.

Si votre produit est virtuel (comme par exemple un ebook), vous pouvez créer très facilement une image en 3D en ayant simplement la couverture du livre avec le logiciel Quick3Dcover.

Le processus ne vous prendra pas plus d'une minute, et vous aurez une belle image 3D de votre produit. Ce logiciel pourra de la même façon utiliser votre couverture pour créer une photo 3D d'un CD ou d'un DVD.

Vous pourrez très facilement trouver ce logiciel en faisant une simple recherche sur Google, et il en existe également beaucoup d'autres qui font exactement la même chose.

Il est par ailleurs aujourd'hui extrêmement simple de créer une couverture de produit avec des outils gratuits tels que celui qu'on trouve sur le site Canva (https://www.canva.com/create/book-covers/).

J'ai par exemple pu créer une couverture comme celle-ci en moins de cinq minutes (notez que les couleurs apparaissent en niveaux de gris dans cette édition) :

Si vous avez un minimum d'expérience en design, vous pouvez aussi utiliser le logiciel open source Gimp, qui est le principal rival gratuit de Photoshop.

Vous pouvez aussi utiliser une ou plusieurs photos de personnes en train d'utiliser le produit, ou en train d'expérimenter les bénéfices du produit.

Il est possible de vous procurer de nombreuses photos libres de droits pour quelques euros sur Fotolia (www.fotolia.fr), Istockphoto (www.istockphoto.com) ou encore Shutterstock (www.shutterstock.com).

Si vous voulez des photos gratuites libres de droits, vous pouvez en trouver sur Freerangestock (http://freerangestock.com/index.php), Stockvault (http://www.stockvault.net/) ou encore Everystockphoto (http://www.everystockphoto.com/).

Pensez dans ce cas à bien regarder les conditions d'utilisation de l'image. Dans certains cas, il vous sera demandé de mettre un lien vers la licence d'exploitation, ou le nom du photographe à côté de la photo.

En cherchant bien dans ces immenses banques d'images, vous trouverez sûrement ce dont vous avez besoin.

Par contre, je vous déconseille fortement de choisir des photos clichés qui sentent le faux et qui pullulent dans ce type de banque d'images.

Par exemple, ne choisissez pas des businessmen en costume parfait qui se serrent la main en plein milieu du quartier d'affaires de la Défense, avec les buildings en arrière plan.

Ne choisissez pas non plus une magnifique brune ténébreuse contente de taper sur un clavier d'ordinateur et avec des dents d'une blancheur incroyable. Enfin, vous voyez l'idée.

<u>Etape 8 : Sublimez votre produit.</u>

C'est maintenant le moment de parler avec fougue de votre produit et de tous ses avantages.

Dans un premier temps vous pouvez écrire quelques lignes afin de mettre le lecteur en situation, comme s'il utilisait déjà le produit et qu'il profitait déjà de ses bienfaits.

Puis ensuite, mettre une liste des avantages clients par exemple sous forme de puces promesses (vous verrez juste après la méthode pour écrire cette liste d'avantages clients).

En reprenant l'exemple du blogging, vous pouvez par exemple dire :

"Avec ce système entre vos mains, tout deviendra plus facile pour vous.

*En effet, en appliquant pas-à-pas les différentes techniques, vous arrivez **peu à peu** à faire venir **de plus en plus** de visiteurs sur votre blog.*

*Votre blog devient **de plus en plus apprécié**. **De plus en plus** de monde y vient, et les commentaires se font **de plus en plus** nombreux.*

*Bref, vous parvenez à captiver vos visiteurs, ils en parlent à leurs amis, et votre trafic augmente. **Tranquillement**.*

Voici tout ce qui va vous permettre d'atteindre les 700 visiteurs par jour en seulement 60 jours :"

Notez au passage l'utilisation des expressions en gras qui alimentent la transe hypnotique en créant une sorte de doux mouvement qui berce le lecteur, sans forcer : *"de plus en plus"*, *"peu à peu"*, *"tranquillement"*.

Puis, vous dressez juste après la liste des avantages de votre produit, par exemple en utilisant des puces promesses.

Utilisez au moins 10 à 20 avantages, voire même plus si vous le pouvez. Plus il y a en, plus vous augmenterez la valeur perçue.

Par contre, il y a une technique bien particulière pour écrire ces avantages et dresser une liste de puces promesses, que vous allez découvrir en page suivante.

Comment écrire votre liste d'avantages clients pour la rendre fascinante.

La première chose à savoir, c'est de bien savoir différencier un avantage client d'une caractéristique produit.

Il est en effet beaucoup plus important pour un client de connaître les avantages d'un produit que ses caractéristiques.

Par exemple, il est beaucoup plus important pour un client qui achète un perceuse de savoir qu'il achète un moyen de faire un trou plutôt que de savoir qu'il achète une perceuse.

De même quand vous achetez un sèche-linge, vous achetez un moyen d'avoir votre linge sec rapidement.

Ce n'est pas le produit qui vous intéresse, mais le résultat de son utilisation.

C'est pour ça que vous devez toujours chercher à d'abord lister un maximum d'avantages de votre produit, et de vous servir de ses caractéristiques pour prouver que chaque avantage listé est bel est bien vrai et que ce ne sont pas des paroles en l'air.

La méthode traditionnelle consiste à énoncer d'abord l'avantage client, puis à lister juste en dessous la ou les caractéristiques permettant d'obtenir cet avantage.

Voici quelques exemples:

- «Batteries incluses» devient:

Vous pouvez commencer à utiliser le produit immédiatement : les batteries sont incluses.

- «Magasin ouvert 7 jours/7» devient:
Vous pouvez même faire vos courses le dimanche : le magasin est ouvert 7 jours/7.

- «Caméra équipée d'une connexion wifi» devient :
Transférez vos vidéos préférées sans avoir besoin de cables : la caméra est équipée d'une connexion wifi.

- «Panneau de gestion avancée des couleurs» devient:
Obtenez des vidéos de qualité professionnelle en un clic: présence d'un panneau de gestion avancée des couleurs.

Un deuxième moyen de procéder très efficace pour écrire vos puces promesses est d'utiliser la technique de la "double détente".

Voici quelques exemples :

• La commande cachée qui déclenche l'achat (première détente) - même, et surtout, pour les plus sceptiques (deuxième détente).

• Le carburateur qui décuple la puissance de votre moteur (première détente) - et consomme moitié moins de carburant ! (deuxième).

• Vous préparerez un repas délicieux en quelques minutes (première) - et votre mari vous regardera avec admiration et reconnaissance (deuxième).

• Votre orgasme sera prolongé comme jamais (première) - et vous pourrez recommencer autant de fois que vous le voulez sans fatigue (deuxième).

Par contre, veillez toujours à ce que chaque puce-promesse et chaque avantage que vous listez soit le plus spécifique possible, afin de renforcer le sentiment d'avoir le besoin d'acheter votre produit.

S'il n'est pas spécifique et si c'est le genre de banalités qu'on peut trouver partout, alors le client ne se sentira plus concerné et vous risquez de couper sa transe hypnotique.

Ainsi, mieux vaut faire une liste de 10 puces-promesses extrêmement spécifiques plutôt que 60 très générales qui pourraient être utilisées pour n'importe quel autre produit.

Vous savez maintenant comment présenter vos avantages clients et écrire des puces promesses pour créer de vraies fascinations chez le lecteur.

Etape 9 : Minimisez le prix de votre produit.

Le but ici est de faire passer le prix pour une somme dérisoire en comparaison avec ce que ça coûte au lecteur de ne pas l'utiliser.

Vous allez chercher pour ça à montrer au lecteur que le produit lui apporte un retour sur investissement évident d'au minimum 5 fois le prix du produit.

Par exemple, s'il achète votre produit 100 euros, il faut lui montrer de manière évidente qu'il aura un retour sur investissement d'au minimum 500 euros.

Si votre produit ne rapporte pas directement de l'argent, il est essentiel de convertir tous les autres avantages de votre produit en un équivalent monétaire (gain d'argent, gain de temps, gain de compétence, confiance en soi, santé etc...).

Il peut s'agir des économies qu'il fera par rapport à des solutions existantes.

Par exemple si vous vendez une méthode pour perdre 10 kg en 40 jours qui coûte 97 euros, vous pouvez lui dire que ça lui coûtera 10 fois moins cher que s'il achetait telle autre méthode qui vaut 1000 euros et qui ne lui permet de perdre que 5 kg en 3 mois.

Il peut aussi s'agir des économies liées au fait de rester dans la même situation.

Par exemple si vous vendez une méthode pour arrêter de fumer à 27 euros à un fumeur qui fume un paquet de cigarettes par jour, vous pouvez lui dire qu'en un mois il économisera plus de 150 euros en cigarettes et au moins 1700 euros en un an.

Autre exemple, admettons que vous vendiez des scripts pour Photoshop qui permettent d'obtenir des effets très élaborés et très recherchés.

Ces scripts apportent par exemple apportent un gain de temps fou et vous travaillez quatre fois plus vite qu'avant.

Vous allez donc chercher à convertir ce gain de temps en avantage monétaire, en disant par exemple que vous pourrez chaque jour accepter quatre fois plus de clients et donc multiplier votre chiffre d'affaire par quatre dès le premier mois sans travailler plus.

Vous voyez l'idée ?

Pour continuer avec l'exemple du blogging qu'on utilise depuis le début, vous pouvez dire par exemple :

"Ce système est en vente au prix de 47 euros. Je ne sais pas si vous trouvez ça élevé, mais si le cas, ce qui suit devrait vous faire changer d'avis...

Avez-vous comptabilisé le nombre d'heures que vous avez passées et tous les efforts que vous avez faits pour faire connaître votre blog pour atteindre à peine 20 visiteurs par jour ?

Le nombre de soirées voire de nuits blanches que vous avez passé à écrire des articles de qualité, à trouver ou acheter de belles images pour les rendre plus attrayants, tout ça pour ne voir qu'une petite vingtaine de visiteurs seulement les parcourir distraitement et repartir aussitôt ?

Les longues heures de stress que vous avez dû supporter au moment d'installer des plugins de tout genre, des mises à jour ou pour faire face aux plantages de votre hebergeur ?

Ne pensez-vous pas que vous avez le droit, vous aussi, d'avoir enfin l'audience que vous méritez ?

De pouvoir enfin rentabiliser toutes ces heures passées à travailler dur sur votre blog ?"

En lisant ça, il apparait évident que le retour sur investissement sera nettement supérieur à cinq fois le prix de la méthode qui coûte 47 euros.

Etape 10 : Prouvez ce que vous dites.

Vous allez ici prouver ce que vous dites en donnant des preuves que votre produit fonctionne pour vous et pour les autres.

Notez que l'hypnotisme s'arrête en grande partie à cette étape, car ici vous allez faire davantage faire intervenir le cerveau rationnel qui va analyser des données concrètes.

Vous allez donc être beaucoup moins dans l'émotionnel dans cette partie, comme vous l'étiez durant tout le processus précédent.

Pour apporter des preuves de ce que vous dites, il existe deux types de preuves que vous pouvez utiliser : la preuve sociale et la preuve d'autorité.

La preuve sociale tire sa force dans le nombre d'autres personnes qui sont déjà clientes.

Son but est de faire passer le message suivant :
«Tant de personnes sont déjà clientes, pourquoi pas moi ?»

Voici quelques exemples de preuve sociale :

«Le produit préféré des plus de 18 ans.»
«Meilleure vente en Europe.»
«Déjà 10 000 clients cette année.»

La preuve d'autorité tire sa force en utilisant l'avis d'experts.

Le message à faire passer est:

«Ce produit est conseillé par des experts, je leur fais confiance.»

Quelques exemples :

«92% des experts utilisent le produit X.»
«Recommandé par le Docteur Y, expert spécialiste de tel domaine.»
«Vu à la télé.»
«Le produit le plus utilisé chez les dentistes.»

Si vous le pouvez, utilisez les deux types de preuves. Ça ne fera que renforcer la force de conviction de votre argumentaire.

Si vous en avez, produisez des témoignages de clients satisfaits.

Voici en page suivante une méthode très efficace pour obtenir facilement et légalement des témoignages clients.

Comment obtenir facilement et légalement des témoignages clients.

Obtenir des témoignages clients réels est essentiel pour apporter de la crédibilité.

Voici une méthode qui fonctionne redoutablement bien, et qui vous permettra d'obtenir des témoignages clients sans aucun effort ni temps additionnel.

De plus, ces témoignages seront réels et non inventés (pratique qui est par ailleurs totalement illégale).

L'idée est de créer un questionnaire de satisfaction client, que vous enverrez à vos clients au bout de sept jours ou plus suivant leur achat.

Vous pouvez automatiser l'envoi de ce questionnaire en utilisant un service d'envoi d'email automatique tel que Aweber (www.aweber.com), Getresponse (www.getresponse.com) ou encore Icontact (www.icontact.com).

Il suffit simplement d'écrire un email dans lequel vous mettez le lien de votre questionnaire de satisfaction, et le service se chargera pour vous de l'envoyer au moment voulu après l'achat.

De cette manière, vous êtes assurés que tous vos clients recevront ce questionnaire de satisfaction au même moment, et que vous n'aurez oublié personne.

Pour faire le questionnaire, vous pouvez utiliser des services gratuits tels que Google Docs (www.google.com/docs) qui rassemblera automatiquement les réponses dans un fichier xls, ou encore un service dédié tel que Survey Monkey (www.surveymonkey.com).

Rédigez les questions de manière à guider les réponses des clients vers un témoignage positif que vous pourrez utiliser pour servir la cause de votre produit.

Par exemple:

«En quoi le produit X vous a aidé à résoudre tel problème?»
«Quel aspect du produit X vous plaît-il davantage que ses concurrents?»

A la fin du questionnaire, ajoutez une case vous autorisant à publier les réponses, par exemple :

«J'autorise X à publier mes réponses.»

La plupart vous autoriseront à publier leur réponse.

Cette méthode est l'une des plus efficace pour obtenir des témoignages pertinents et de manière tout à fait légale.

Etape 11 : Appelez à l'action.

Le but ici est d'indiquer clairement l'action que le client doit effectuer.

Ça peut paraître bizarre voire stupide, mais les gens ont besoin qu'on leur dise exactement quoi faire.

Par exemple:
«Cliquez ici pour recevoir votre produit.»

Pour renforcer l'appel à l'action, vous pouvez utiliser des éléments d'urgence temporels et/ou quantitatifs afin de presser le client à acheter et ne pas qu'il reporte sa décision à plus tard.

Quelques exemples:
«Recevez votre formation tout de suite»
«Offre valable seulement 48h : commandez maintenant»
«Achetez maintenant : cliquez ici pour commander»
«Offre valable jusqu'à épuisement des stocks»
«Stocks limités : cliquez ici pour un achat immédiat»
«Plus que 8 exemplaires restants : achetez le vôtre immédiatement»

Une autre technique consiste à rappeler le plus gros avantage de votre produit sur le texte qui précède ou qui suit immédiatement le lien menant à la page de paiement.

Par exemple :
«Maîtrisez l'Anglais en un week-end. Obtenez la méthode:»
«Réalisez des vidéos professionnelles en deux clics. Commencez tout de suite:»

Ceci est totalement optionnel, mais vous pouvez si vous le souhaitez compléter votre appel à l'action en fournissant quelques cadeaux supplémentaires pour augmenter la valeur perçue du produit.

Pour illustrer la manière d'écrire votre appel à l'action, on peut reprendre l'exemple avec lequel on a traité tout au long de ce processus et dire :

"En vous procurant ce système, vous prenez la bonne décision.

Vous décidez aujourd'hui de prendre sérieusement en main le trafic de votre blog, et vous décidez aujourd'hui de rentabiliser enfin toutes les heures que vous avez dépensées jusque là en pure perte.

Et d'ailleurs, pour vous remercier de votre confiance, je vous offre avec votre achat un pack de 6 vidéos qui vous expliquent comment transformer votre blog en espace tellement attirant que vos visiteurs ne résisteront pas à l'envie d'y revenir chaque jour et ainsi augmenter facilement vos ventes de plus de 50%."

Vous pouvez utiliser le même processus pour vendre votre cadeau que celui utilisé pour vendre votre produit, mais bien entendu en beaucoup plus court, avec un ou deux paragraphes.

Etape 12 : Garantissez les résultats.

Cette dernière étape est optionnelle et n'est pas indispensable si vous ne souhaitez pas proposer de garantie.

Le but ici est de rassurer le futur client pour qu'il n'ait pas l'impression qu'on va le lâcher une fois qu'il aura acheté le produit.

Proposez ainsi un remboursement s'il n'obtient pas de résultats au bout de X temps, bien qu'ayant suivi à la lettre les instructions de votre produit.

Bien qu'optionnel, rajouter une garantie permet d'inverser le risque et ce n'est plus le client qui prend un risque mais c'est vous.

De cette manière, le client se sent beaucoup plus en sécurité et ça permet ainsi de rajouter de la valeur à l'ensemble.

Ceci termine ce deuxième module.

Vous connaissez maintenant la structure en douze étapes pour écrire une page de vente hypnotique.

Si vous l'appliquez, elle va vous permettre d'obtenir des taux de conversion beaucoup plus élevés et qui n'ont plus rien à voir avec le copywriting classique.

De plus, vous n'aurez plus jamais besoin de tâtonner et de perdre un temps fou à vous demander par quoi vous devez commencer à parler dans votre page de vente.

Il vous suffit d'utiliser simplement cette structure prouvée et d'écrire votre page de vente hypnotique dans l'ordre qui vous est proposé.

Vous n'aurez donc plus de syndrome de la page blanche. Grâce à cette structure, vous allez être en mesure d'écrire beaucoup plus vite car vous savez exactement où vous allez, et obtenir des résultats beaucoup plus élevés en comparaison avec le copywriting ordinaire que vous pouviez utiliser auparavant.

Il reste maintenant à voir dans le module 3 quel style d'écriture adopter pour écrire de façon hypnotique et les erreurs à ne pas commettre pour éviter de casser la transe hypnotique.

Vous verrez aussi la technique d'Hemingway pour écrire 2 à 3 fois plus vite que maintenant tout en injectant plus d'émotion à votre copie.

MODULE #3: STYLE ET TECHNIQUES D'ÉCRITURE POUR RÉDIGER VOTRE PAGE DE VENTE HYPNOTIQUE.

Au terme de ce module, vous aurez écrit tout le contenu de votre page de vente hypnotique.

Pour ça, vous connaîtrez d'abord comment tourner votre style d'écriture pour le rendre hypnotique.

Puis, vous découvrirez la technique d'Hemingway pour écrire 2 à 3 fois plus vite que maintenant, tout en injectant beaucoup de spontanéité qui fera transpirer votre copie d'émotion.

Vous verrez également les 7 erreurs à ne surtout pas commettre lorsque vous rédigez car elles peuvent casser tout simplement l'état de transe hypnotique dans lequel est plongé le lecteur.

La trousse du copywriter pour adopter un style et un ton d'écriture hypnotique.

Vous allez voir un ensemble de techniques et principes pour vous permettre d'écrire votre page de vente hypnotique dans un style d'écriture qui va vraiment vendre, et participer à créer l'état de transe hypnotique dans lequel est plongé le lecteur.

Voyons voir chacune de ces techniques et principes séparément dans les pages suivantes.

UTILISEZ DES PHRASES COURTES

D'abord, utilisez des phrases courtes.

Evitez les phrases brouillon qui font trois lignes et qui apportent plein d'informations dans tous les sens.

Votre lecteur doit en permanence pouvoir lire et comprendre vos informations de manière fluide et limpide, sans avoir à s'arrêter pour comprendre le sens d'une phrase trop longue combinant des virgules partout.

La règle est donc d'avoir une seule information par phrase. Si vous en avez deux, coupez la phrase en deux.

UTILISEZ LE GRAS, LE SURLIGNAGE MAIS PAS LE SOULIGNAGE

Une certaine catégorie de personne ne lit pas vraiment, mais a pris l'habitude de scanner les informations pour aller plus vite.

Ils parcourent ainsi rapidement une page de vente jusqu'à tomber sur un mot ou une partie qui retient leur attention, et sur laquelle ils vont s'arrêter pour lire en détails.

Puis, ils vont recommencer plus bas, jusqu'à trouver une section ou un mot-clé qui va retenir leur attention, qui va parler à leur subconscient et les faire s'arrêter pour lire plus en détails.

L'idée, c'est donc qu'on puisse **comprendre tout** votre argumentaire simplement en lisant ce que vous avez mis en gras.

En effet, ces mots mis en évidence de cette façon vont être les premiers à être repérés par ces personnes.

Vous pouvez ainsi mettre en gras et surligner dans chacune des 12 étapes de la structure hypnotique vue au module précédent les éléments clés, qui permettront aussi à ces personnes qui scannent d'entrer dans cet état de transe hypnotique, même si c'est à un niveau moindre.

Par contre, évitez au maximum le soulignage.

En copywriting hypnotique, souligner revient à créer une sorte de mur subtil par un trait qui stoppe la lecture et peut ainsi potentiellement casser l'état de transe.

UTILISEZ DES MOTS SIMPLES

Inutile d'utiliser des mots complexes pour faire sérieux et de parler «d'uniformisation de la stratégie de synchronisation par sémaphores booléens du mode multitâche de l'ordonnanceur» pour vanter la rapidité de fonctionnement d'un logiciel.

Vous n'êtes pas là pour étaler votre science mais pour vendre et pour placer votre lecteur dans un état de transe hypnotique.

Le client va peut-être trouver que ça fait sérieux (si toutefois il comprend tout), mais il risque de quitter votre page tellement il va s'ennuyer car vous n'aurez pas su lui simplifier la lecture.

Pire, vous risquez de casser sa transe hypnotique.

Retenez que le client qui lit votre argumentaire ne doit avoir aucun effort de compréhension à faire, sinon il va vous quitter ou sont état de transe va s'arrêter.

Ne gâchez donc pas tout en ayant envie de montrer votre science et utilisez des mots simples que tout le monde comprend facilement.

PARLEZ AU CLIENT PLUTÔT QUE DE VOUS

Le centre de votre argumentaire n'est pas votre personne mais le client et son problème.

Utilisez donc au maximum les termes «vous», «votre», «vos» plutôt que «je» ou «nous» et centrez-vous sur votre client.

Le client ne s'intéresse en effet guère à la grandeur et l'autosatisfaction de votre entreprise mais s'intéresse à la résolution de ses problèmes.

Regardez par exemple ces deux approches radicalement différentes:

1- Alpha informatique est un prestataire fort de 2000 collaborateurs et reconnu dans plus de 50 pays pour son excellence dans la gestion de configuration.

2- Où que vous soyez dans le monde et à tout moment, votre gestion de configuration est prise totalement en charge: 2000 collaborateurs vous sont dédiés 24h/24 dans plus de 50 pays chez Alpha informatique.

Voyez-vous la différence nette de point de vue?

Le deuxième texte est centré totalement sur le client, alors que le premier est centré sur l'entreprise uniquement.

Parlez donc au client et arrêtez de parler de vous.

UTILISEZ UN TON JOURNALISTIQUE ET PAS COMMERCIAL

Votre page ne doit pas avoir l'air d'un speech commercial dans lequel vous faites votre autopromotion.

Bien au contraire, elle doit utiliser un ton journalistique et apporter de l'information à votre lecteur.

De la même façon qu'un article de journal, elle doit apporter du contenu de qualité et apprendre quelque chose de pertinent à ceux qui la lisent, à propos de votre produit et de ce qu'il est possible de faire avec.

Si vous adoptez un style trop promotionnel, ça va avoir tendance à faire fuir vos clients.

Voici un exemple de titre promotionnel:

«Un système révolutionnaire pour devenir le meilleur joueur d'échecs du monde.»

Ce titre exprime clairement une prise de position et n'est pas objectif.

A la place, rendez-le objectif et informatif, exactement comme le feraient les journaux et les magazines:

«Un système innovant pour devenir un expert aux échecs.»
«Devenir un champion d'échecs en une semaine, est-ce vraiment possible?»

Utilisez donc un style objectif et journalistique dans l'intégralité de votre page de vente, dès le titre et jusqu'au dernier mot.

PARLEZ EXCLUSIVEMENT AU PRÉSENT

L'une des grandes différences entre le copywriting classique et le copywriting hypnotique est que le copywriting hypnotique parle exclusivement au présent.

Ça permet d'immerger le client dans l'expérience. De le placer déjà dans le produit. De lui faire ressentir déjà, rien qu'en lisant la copie toutes les émotions liées aux avantages du produit comme s'il le possédait.

Parler au présent est quelque chose de très puissant, et vous privilégierez ce temps au maximum, en évitant au plus le passé et le futur.

<u>UTILISEZ DES TERMES HYPNOTIQUES</u>

Dès que vous en avez l'occasion, placez dans votre copie des termes qui vont consolider l'état de transe hypnotique en créant un mouvement de progression dans la transe doux et tranquille, sans forcer.

On en a parlé dans le module 2, vous avez par exemple des termes comme :

- Petit à petit.
- Peu à peu.
- De plus en plus.
- De mieux en mieux.
- Etc.

Vous faites ainsi pénétrer le lecteur dans un état de transe encore plus profond, à l'image d'un hypnotiseur disant à son patient : *"Petit à petit, vos paupières s'alourdissent. Vous vous sentez de plus en plus détendu, de plus en plus calme."*

Vous donnez ainsi davantage d'impact à la transe et la consolidez.

PARLEZ À LA FORME ACTIVE ET UTILISEZ DES MOTS D'ACTION

Formulez vos phrases en utilisant la forme active et évitez au maximum les formes passives.

Vous injecterez ainsi une dynamique à votre écriture qui influencera inconsciemment votre lecteur à agir plutôt que de rester passif.

Pour cette même raison, utilisez aussi des verbes d'action quand c'est possible.

Par exemple, faites commencer vos puces promesses par un verbe d'action à l'impératif :

"Découvrez..."
"Devenez..."
"Gagnez..."
"Economisez..."
Etc.

Et bien entendu, utilisez ces mots d'action aussi dans votre appel à l'action, sur votre bouton ou lien d'achat.

La technique de Hemingway pour écrire 2 à 3 fois plus vite et avec plus d'émotion.

Une fois que vous commencez à écrire votre argumentaire de vente hypnotique, ne vous arrêtez surtout pas pour vous relire ou analyser chaque phrase que vous écrivez.

Suivez à la lettre cette technique de l'écrivain Ernest Hemingway qui tient en une phrase :

«*Write Drunk, Edit Sober*» (écrivez saoul, éditez sobre).

Soyons clairs : ça ne signifie pas qu'il faut se mettre à boire du vin rouge ou du rhum avant d'écrire. Surtout pas.

Ça veut dire qu'une fois que vous commencez à écrire, il ne faut surtout pas vous arrêter en cours de route pour analyser et corriger chacune de vos phrases. Jamais.

De cette manière, vous laissez libre cours à votre inspiration et spontanéité en autorisant l'hémisphère droit (créatif) de votre cerveau à s'exprimer sans interruption.

Peut-être savez-vous déjà que le cerveau possède deux hémisphères: L'hémisphère droit gère la créativité, le gauche l'analyse rationnelle.

Si vous vous arrêtez à la fin d'une phrase pour la relire et la corriger, c'est comme si vous stoppiez net l'inertie de votre hémisphère droit créatif pour activer votre hémisphère gauche analytique.

Puis dès que vous passez à la phrase qui suit immédiatement, vous devez à nouveau stopper votre hémisphère gauche analytique pour redémarrer votre hémisphère droit créatif.

C'est comme si vous deviez peindre en bleu deux petites chambres à coucher, et que vous vous arrêtiez à chaque coup de rouleau pour aller dans l'autre chambre.

Vous perdez du temps et c'est très fatiguant.

Vous iriez bien plus vite à d'abord peindre entièrement la première chambre en bleu, puis ensuite vous attaquer à la deuxième, plutôt que de changer de chambre à chaque coup de rouleau.

Votre cerveau fonctionne de la même manière. En vous arrêtant à chaque phrase pour la relire et la corriger, vous perdez un temps fou et vous vous épuisez inutilement.

Ecrivez donc sans vous arrêter, et ne vous inquiétez pas pour les erreurs ou les phrases mal tournées que vous laissez derrière vous.

Quand vous aurez tout écrit, vous passerez alors à la phase de relecture. C'est alors que votre cerveau créatif cèdera sa place à votre cerveau analytique.

Vous aurez alors tout le temps de corriger vos erreurs et serez ainsi beaucoup plus efficace dans votre relecture.

Les 7 erreurs d'écriture à ne pas faire qui brisent la transe hypnotique.

Pour éviter de briser l'état de transe hypnotique dans lequel est plongé le lecteur, vous allez surtout devoir éviter de parler de toute chose qui puisse réveiller ses peurs et casser le rapport intime et profond que vous avez créé avec lui au niveau émotionnel.

Il y a ainsi 7 choses essentielles à éviter, dont nous allons parler dans les pages suivantes.

1- Les termes publicitaires.

On a parlé précédemment d'utiliser un ton journalistique et pas promotionnel dans votre page de vente hypnotique.

On enfonce encore un peu plus le clou ici dans l'importance de ne pas utiliser des termes publicitaires tels que *"meilleur"*, *"formidable"*, *"éblouissant"*, *"incroyable"*, *"premier"*, *"spécialiste"*.

Les gens en ont assez de la publicité et dès que vous exagérez en employant de tels termes, ils sortent de la transe et leur scepticisme augmente.

2- Les fautes d'orthographe et les coquilles.

Bien que ce soit devenu moins important aujourd'hui, la plupart des lecteurs sont encore sensibles aux fautes d'orthographe et aux coquilles.

Eliminez-les donc au maximum.

Si vous avez de grosses lacunes en orthographe, vous pouvez par exemple utiliser des éditeurs de texte tels que Word pour écrire votre argumentaire, et activer la fonction de correction orthographique.

Vous réussirez ainsi à vous débarrasser d'au moins 80% des fautes et des coquilles.

3- Les incohérences.

Soyez toujours cohérent dans votre argumentaire.

Si vous vendez une méthode pour arrêter de fumer, n'allez pas dire au début que votre méthode permet d'arrêter totalement la cigarette en 4 jours sans plus jamais avoir de manque, et dire plus loin que votre méthode permet de diviser par deux la consommation de cigarettes d'ici une semaine.

Ce n'est pas un discours cohérent.

Si vous dites une chose et plus loin son contraire, votre lecteur s'en apercevra de toutes façons.

Et même s'il n'en a pas conscience, son subconscient lui va noter cette incohérence. Cela va contrarier sa transe et l'empêcher d'agir dans le sens que vous souhaitez.

4- Les passages difficiles à lire.

On parlait tout à l'heure de ne pas utiliser de phrases trop longues et de parler avec des mots simples sans chercher à étaler sa science.

Dites-vous qu'un enfant de 12 ans doit être capable de tout comprendre de votre copie.

Si vous avez le temps une fois que votre argumentaire est finalisé, vous pouvez demander à un enfant de lire votre copie à haute voix. Vous réécrirez alors les passages sur lesquels il hésite ou se trompe.

5- Les mots compliqués.

Les mots compliqués sont tous ces mots ou expressions difficiles à comprendre. Comme on l'a vu précédemment, utilisez à tout prix des mots simples.

Les mots compliqués sont des mots qui risquent de ne pas être compris par votre lecteur et ainsi de casser sa transe.

On peut appeler les mots compliqués les "mots chers", car ils vous coûteront beaucoup d'argent si vous décidez de les utiliser dans votre copie.

6- Les transitions brutales.

L'intégralité de votre page de vente hypnotique doit couler de manière aussi fluide qu'une rivière sans obstacles.

Evitez les ruptures abruptes d'un paragraphe à l'autre ou d'une idée à l'autre.

Evitez de donner l'impression qu'une phrase n'a aucun rapport avec la précédente.

Si vous faites ça, vos lecteurs ne vont pas vous suivre longtemps et vous ne réussirez pas à les garder dans un état de transe.

Au contraire, utilisez des transitions entre vos phrases pour faciliter au maximum le passage d'une idée à l'autre, et évitez toute transition brutale.

Vos phrases et vos idées doivent pouvoir s'enchaîner de manière totalement naturelle et logique.

7- Les mensonges.

Ne mentez jamais tout au long de votre copie en attribuant des avantages à votre produit qui ne sont pas vrais.

N'allez pas dire à vos lecteurs qu'ils peuvent être sûrs à 100% de chances de gagner le gros lot au loto s'ils appliquent votre formule secrète.

N'allez pas leur dire qu'avec votre méthode, ils vont trouver le grand amour dès demain à 9 heures précises du soir.

N'allez pas leur dire qu'avec votre complément alimentaire, tous leurs problèmes de santé vont se volatiliser dans les 12 heures suivant la prise.

Vous voyez l'idée ?

Il est dangereux d'insulter l'intelligence de vos lecteurs.

Même si vous pouvez l'assoupir grâce à l'état de transe hypnotique, soyez sûrs qu'elle se réveillera d'un seul coup si vous mentez et c'est vous qui aurez perdu la partie.

Ceci termine ce troisième module.

Vous avez désormais tout ce qu'il vous faut pour écrire votre argumentaire de vente hypnotique.

Vous connaissez le style d'écriture à utiliser durant votre rédaction et les erreurs à ne surtout pas commettre car elles risquent de casser la transe hypnotique de votre lecteur.

Vous avez aussi découvert la technique d'Hemingway qui vous permet de rédiger 2 à 3 fois plus vite que maintenant, tout en injectant beaucoup plus d'émotion dans votre copie.

Maintenant, il est temps de passer à l'action et d'écrire votre argumentaire de vente hypnotique.

Voici la manière dont vous pouvez procéder :

Reprenez la structure en 12 étapes du module 2 et suivez-là dans l'ordre, pas-à-pas.

Rédigez chaque étape de cette structure en adoptant le style d'écriture que vous avez vu dans ce module, et en utilisant la technique d'Hemingway pour rédiger beaucoup plus vite.

Une fois que tout votre argumentaire sera rédigé en mode brouillon, alors seulement à ce moment vous pourrez vous relire.

Ne cherchez pas à vous arrêter à chaque phrase que vous écrivez pour vous relire, mais attendez d'avoir tout écrit avant de passer à la relecture, comme vous l'avez vu avec la technique d'Hemingway.

Faites autant de lectures que nécessaire pour raffiner et améliorer encore davantage votre copie. Profitez de cette relecture pour mettre les mots et termes en gras ou pour les surligner.

C'est optionnel mais si vous avez le temps une fois que vous avez finalisé votre argumentaire, faites-le relire par un enfant pour voir s'il comprend tout, et aussi par un ou plusieurs adultes susceptibles d'être des clients potentiels.

Réécrivez les passages sur lesquels ils butent afin d'avoir la copie la plus impeccable possible.

Ça y est, votre argumentaire de vente hypnotique est prêt à opérer !

Il reste maintenant à voir dans le module 4 les techniques d'édition avancées et de mise en page de votre argumentaire sur votre page de vente hypnotique.

MODULE #4: MISE EN PAGE DE VOTRE ARGUMENTAIRE POUR CRÉER VOTRE PAGE DE VENTE HYPNOTIQUE.

A la fin de ce module, vous aurez totalement mis en page l'argumentaire de vente hypnotique que vous avez écrit au module précédent, et vous aurez créé votre page de vente hypnotique de manière à obtenir un maximum de résultats.

En effet, même si vous avez le meilleur argumentaire de vente, vous risquez de perdre des ventes si votre mise en page est mauvaise.

C'est par exemple le cas si vos boutons d'achat sont aux mauvais endroits, s'il y a plein de publicités sur votre page qui vont distraire le lecteur, ou si votre argumentaire est un gros pavé moche sur lequel vous n'avez jamais sauté de lignes.

Vous allez donc voir des techniques d'édition avancées qui vont vous permettre une mise en page optimale de votre argumentaire de vente hypnotique.

Si vous appliquez et combinez toutes ces techniques de mise en page, vous pourrez accroître vos ventes de 25 à 30% sans problème.

Aérez votre argumentaire de vente hypnotique.

C'est un principe certainement trivial pour vous, mais il ne faut pas l'oublier.

Combien de fois avons-nous vu d'excellents argumentaires dont l'impact a été complètement ruiné par une mauvaise aération du texte.

Donnez l'impression visuelle au lecteur qu'un gros pavé repoussant de texte de texte l'attend, et il y a de fortes chances qu'il ne l'entame même pas devant la difficulté visuelle que ça va présenter pour lui.

Alors passez à la ligne autant que besoin. Sautez des lignes plus souvent qu'à votre habitude. Raccourcissez vos paragraphes.

Votre texte doit respirer, alors aérez-le.

La longueur scientifique idéale de vos lignes et de vos paragraphes.

De nombreux chercheurs se sont penchés sur la longueur optimale que devaient avoir une ligne de texte et un paragraphe.

En effet, si une ligne est trop longue, alors ça devient difficile de comprendre.

A l'inverse, si une ligne est trop courte, le fait d'avoir à passer à la ligne suivante va rompre le fil et l'inertie de la pensée.

Le chercheur Français François Richaudeau a démontré que les lignes qui sont trop courtes (40 caractères en incluant les espaces) sont plus difficiles à lire que les lignes plus longues.

Miles A. Tinker et Donald G. Patterson ont aussi trouvé que les lignes de moins de 22 caractères, ou de plus de 112 caractères, ralentissent la lecture de 5%.

En résumé pour votre page de vente hypnotique :

1- Evitez les paragraphes trop longs. Un paragraphe trop long pour votre page de vente hypnotique est un paragraphe qui fait plus de six lignes, ou plus de 80 mots.

2- Assurez-vous que la longueur des lignes de votre page de vente hypnotique soit en moyenne comprise entre 50 et 80 caractères, espaces inclus.

Utilisez une présentation minimaliste pour éviter le phénomène de "l'entonnoir troué".

Le seul but de votre page de vente hypnotique est de mettre le lecteur dans un état de transe pour vendre votre produit, et vous allez supprimer et modifier ici toutes les choses qui ne servent pas ce but unique.

Commencez par supprimer tous les liens inutiles ou bannières publicitaires qui mènent à autre chose que la page de paiement.

Vous ne voulez pas que vos visiteurs se dispersent. Vous voulez les garder concentrés et les faire rester sur la page de vente, pas les faire quitter la page.

Pensez à votre page de vente comme à un entonnoir que vous utilisez pour remplir une bouteille d'eau.

Toute l'eau que vous mettez dans l'entonnoir va normalement à l'intérieur de la bouteille d'eau.

Mais si vous commencez à percer des trous dans l'entonnoir, alors une partie de l'eau n'ira plus dans la bouteille. Et plus vous percerez de trous, moins il y a aura d'eau qui rentre dans la bouteille.

Avec votre page c'est la même chose.

S'il n'y a que le bouton d'achat sur votre page, alors vos visiteurs ne se disperseront pas.

Par contre, si vous mettez plein d'autres liens ou bannières, alors vous perdrez une partie de vos visiteurs qui cliqueront ailleurs que sur le bouton d'achat.

Ainsi, la seule action que le client doit pouvoir faire c'est de cliquer sur le bouton d'achat.

Supprimez donc le menu et les liens qui mènent vers d'autres pages de votre site web.

De même, supprimez toutes les publicités, bannières et liens d'affiliés qui pourraient se trouver sur votre page de vente.

A la rigueur, vous pouvez juste garder tout en bas de votre page de vente un lien pour les conditions générales, un autre pour les mentions légales et un dernier pour le formulaire de contact. Mais c'est tout.

Pour le design général, le minimalisme est aussi de mise. Evitez des designs encombrants et optez pour un design simple et propre.

Les meilleurs endroits pour placer vos boutons d'achat.

L'endroit le plus efficace pour mettre un bouton d'achat est juste après une ligne destinée à créer une forte émotion ou un pic émotionnel.

Par exemple, vous pouvez mettre un bouton d'achat à la fin de l'étape 11, juste après avoir annoncé que vous allez en plus offrir à vos clients un cadeau de grande valeur.

L'idéal est de mettre un bouton d'achat à la fin de chacune des 12 étapes de la structure hypnotique que vous avez vue au module 2.

Au minimum, vous aurez donc 12 boutons d'achat dans votre page de vente hypnotique.

Vous pouvez aussi en rajouter à d'autres endroits, juste après certains passages qui créent un pic émotionnel, comme on vient de le voir.

Selon le nombre de vos puces promesses créées lors de l'étape 8 lorsque vous sublimez votre produit en listant ses avantages, entrecoupez ces puces également de boutons d'achat, par exemple toutes les six, sept ou huit puces.

Le but de votre page de vente hypnotique c'est de faire agir le lecteur tout de suite.

La taille et le design du bouton d'achat joue lui aussi un rôle essentiel.

Ce qui fonctionne le mieux ce sont les boutons larges, très visibles voire ludiques.

Vous pouvez très facilement créer un bouton d'achat en moins d'une minute au format png avec des services en ligne gratuits tels que Da Button Factory (http://dabuttonfactory.com/) ou Button Optimizer (http://buttonoptimizer.com/).

La technique du "doublé gagnant" pour augmenter encore plus votre taux de conversion.

Allez savoir pourquoi, certaines personnes préfèrent commander en cliquant sur un bouton et d'autres sur un lien texte.

Pour augmenter vos taux de conversion, la technique du doublé gagnant consiste donc tout simplement à doubler autant que possible les liens d'achat en rajoutant un lien texte juste en dessous de chaque bouton.

Par exemple, vous pouvez mettre sur le bouton:
«Achetez immédiatement»

Et sur le lien texte en dessous:
«Cliquez ici pour commander tout de suite»

Vous pouvez aussi trouver de l'inspiration en visitant d'autres sites de vente en ligne.

Ceci termine ce quatrième et dernier module.

Vous avez pu réaliser une mise en page de manière optimale de votre argumentaire de vente hypnotique pour maximiser vos taux de conversion.

Vous connaissez l'importance d'aérer votre page et d'utiliser un style minimaliste pour éviter l'effet entonnoir troué qui peut vous faire perdre de nombreuses ventes.

Vous connaissez également la longueur idéale que doivent avoir vos lignes de texte ou vos paragraphes, les meilleurs endroits pour mettre vos boutons d'achats, comment créer d'excellents boutons d'achat gratuitement en moins d'une minute, ou encore la technique du doublé gagnant pour augmenter encore plus vos taux de clics.

Votre page de vente hypnotique est désormais totalement prête et opérationnelle.

Il ne vous reste plus qu'à la mettre en ligne et laisser son pouvoir opérer pour vous apporter des résultats fantastiques qui ne manqueront pas de vous étonner.

Il est temps de conclure cette formation.

CONCLUSION.

Au cours de cette formation, vous avez vu comment écrire facilement une page de vente hypnotique en seulement 54 minutes ou moins.

Vous maîtrisez désormais le pouvoir d'écrire un argumentaire de vente à la manière d'un pro du copywriting hypnotique, qui va mettre le lecteur dans une véritable transe hypnotique qui va le rendre beaucoup plus sensible à vos suggestions.

Vous allez ainsi pouvoir propulser vos taux de conversion à un niveau qui n'a plus rien à voir avec le copywriting ordinaire qu'utilisent encore la très grosse majorité des marketeurs pour écrire leurs pages de vente.

Vous avez découvert dans le premier module la différence fondamentale qu'il existe entre le copywriting hypnotique et le copywriting classique, et vous avez compris le principe clé de la transe hypnotique.

Puis dans le module 2, vous avez découvert la structure exacte en 12 étapes à recopier pour écrire très rapidement votre argumentaire de vente hypnotique, sans plus jamais avoir le syndrome de la page blanche et sans plus jamais vous demander ce que vous allez bien pouvoir mettre dans votre copie.

Vous n'avez qu'à suivre chacune de ces douze étapes qui vous guident aussi facilement que les rails qui guident un train.

En respectant les conseils de chacune de ces étapes, vous êtes en mesure de profiter pleinement de toute la puissance du copywriting hypnotique dans la manière d'accrocher le lecteur, d'écrire une liste de puce promesses ou encore faire passer un prix comme une lettre à la poste.

Votre lecteur n'aura alors d'autre choix que de rester scotché et fasciné par votre argumentaire du début, jusqu'au tout dernier mot car vous savez comment s'immiscer dans son dialogue intérieur et créer un rapport émotionnel intime avec lui qui le touche au plus profond de lui-même.

Le module 3 vous a ensuite doté des meilleures techniques et principes pour écrire dans un style hypnotique, et pour éviter les erreurs fondamentales qui peuvent casser la transe hypnotique dans laquelle vous avez placé votre lecteur au moment où il a posé ses yeux sur votre page de vente.

Vous avez aussi appris à utiliser la technique redoutable d'Hemingway qui vous a permis de pouvoir écrire deux à trois fois plus vite que maintenant tout en injectant beaucoup plus d'émotion et de spontanéité à votre copie.

Pour terminer, le module 4 vous a tout montré dans la manière d'optimiser la présentation de votre page de vente.

En appliquant les techniques de la seule mise en page telles que le placement des boutons d'achat, la technique du doublé gagnant, le respect des longueurs de vos lignes et de vos paragraphes, ou encore la manière d'éviter à ce que votre page ne ressemble à un entonnoir troué, vous pourrez facilement augmenter encore votre taux de conversion de 25% à 30%.

Si vous n'avez pas commencé encore a écrire votre page de vente hypnotique, n'attendez pas.

Trouvez un produit à vendre, apprenez à le maîtriser et à bien le connaître, puis utilisez la méthode redoutable d'écriture d'une page de vente hypnotique qui est maintenant entre vos mains.

N'oubliez pas. Le copywriting hypnotique est un pouvoir, et il est de votre devoir de l'utiliser de manière éthique et responsable.

Si vous utilisez la méthode que vous avez apprise dans cette formation pour écrire toutes vos pages de vente de manière hypnotique, vous verrez vos taux de conversion monter en flèche et vos ventes atteindre des sommets que vous n'auriez certainement pas pu obtenir autrement.

A terme, c'est une véritable richesse que vous pouvez accumuler, surtout si vous multipliez le nombre de produits que vous vendez.

En effet, n'oubliez pas cette phrase vue au début de cette méthode de Ted Nicholas :

"Si vous avez un bon produit, vous n'êtes qu'à une lettre de vente de devenir multimillionnaire."

Aujourd'hui, ce pouvoir d'écrire une lettre de vente qui fonctionnera pour n'importe quel produit, vous l'avez.

Il ne vous reste plus qu'à l'utiliser, dès maintenant.

Je vous envoie tous mes voeux de succès et de prospérité grâce au copywriting hypnotique...

...Et à bientôt, si vous le souhaitez, pour une prochaine formation.

A PROPOS DE L'AUTEUR.

Rémy Roulier est un ancien ingénieur informatique et responsable marketing dans une multinationale. Il est aujourd'hui digital nomad et voyage partout dans le monde, et a acquis depuis plus de dix ans une véritable expertise dans le marketing internet et le développement personnel.

Il partage aujourd'hui ses outils et son expérience pour permettre aux autres d'atteindre également leur indépendance financière et de façonner leur vie telle qu'ils la désirent vraiment.

CRÉATIONS DU MÊME AUTEUR.

Retrouvez mes nombreuses créations directement sur Amazon.

En voici aussi quelques-unes qui peuvent vous servir :

CREER UNE LANDING PAGE QUI CONVERTI:
TRIPLEZ VOS VENTES, EXPLOSEZ VOTRE MAILING LIST EN MOINS DE 15 MINUTES AVEC UNE SQUEEZE PAGE OPTIMISEE.
Une méthode complète pour créer une landing page en partant de rien et obtenir d'entrée de jeu des taux de conversion records à rendre jaloux les meilleurs marketeurs. Evitez les mois de tâtonnements interminables et les centaines d'euros dépensés pour trouver la meilleure version, en prenant ce raccourci tout de suite.

TITRES QUI VENDENT:
DANS 47 MINUTES VOUS ECRIREZ DES TITRES FACEBOOK, ADWORDS, BLOG, PAGE DE VENTE, EMAIL COMME UN PRO DU COPYWRITING!
Découvrez les secrets et les 101 meilleurs templates pour créer des titres chocs qui vont vous rapporter (très) gros, et acquérir les compétences des meilleurs copywriters en seulement 47 minutes!
Cliquez sur la couverture pour y accéder sur Amazon.fr:

ECRIRE UN EBOOK IRRESISTIBLE EN UN WEEK-END:
LA NOUVELLE METHODE POUR ECRIRE UN LIVRE QUE LES LECTEURS
ADORENT, PRET A VENDRE LUNDI MATIN.

Laissez-vous guider par une procédure simple et d'une efficacité redoutable pour créer en seulement un week-end un ebook que les gens vont s'arracher, même si vous n'êtes pas expert dans un domaine.

DEVENIR RICHE EN 42 JOURS:
LA METHODE PAS-A-PAS POUR.GAGNER DE L'ARGENT SUR INTERNET ET
VIVRE SES REVES EN PARTANT DE RIEN.

Une méthode prouvée qui vous guide pas-à-pas et vous permet d'atteindre votre indépendance financière en 42 jours grâce à Internet, même si vous démarrez actuellement de rien. Un must à ne pas manquer.

www.ingramcontent.com/pod-product-compliance
Lightning Source LLC
Chambersburg PA
CBHW060400190526
45169CB00002B/683